Henri Delaborde

L'Art français au salon de 1859

Critique

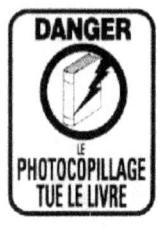
ISBN : 978-1548655921

10 9 8 7 6 5 4 3 2 1

Henri Delaborde

L'Art français au salon de 1859

Critique

Table de Matières

L'Art français au salon de 1859

Toutes les fois qu'on a devant les yeux un ensemble d'œuvres appartenant à l'art français du XIXe siècle, on ne peut se défendre d'un mouvement d'orgueil national, sauf à éprouver ensuite un certain sentiment de tristesse. En face de tant de témoignages d'activité, d'intelligence et d'habileté technique, on se dit qu'une école animée d'une vie aussi générale laisse loin derrière elle les autres écoles contemporaines, que même dans notre pays les talents n'ont été à aucune époque plus nombreux qu'aujourd'hui ; mais, lorsqu'on examine de près ces talents et qu'on en scrute la foi esthétique, il faut bien reconnaître qu'ils sacrifient trop souvent à la recherche du charme extérieur le sérieux et l'élévation de la pensée, l'expression profonde, toutes les conditions morales en un mot qui, depuis l'origine, ont été l'inspiration principale et comme le génie même de l'art français. Le Salon de 1859 accuse une fois de plus, et plus clairement peut-être qu'aucune des expositions précédentes, cette habileté pratique, presque universelle dans notre école, mais en même temps cette fécondité un peu stérile, cet abaissement du goût et des principes traditionnels. Cherchez parmi les trois mille tableaux qui garnissent les salles du palais des Champs-Élysée ceux où le talent, à prendre ce mot dans un sens matériel, fait complètement défaut, vous n'en découvrirez qu'un bien petit nombre. En revanche, quelques rares ouvrages exceptés où la forme pittoresque est l'enveloppe sensible de la pensée et non un vêtement sans corps, vous ne surprendrez partout que l'intention de séduire le regard, ou tout au plus d'amuser l'esprit.

Il serait injuste sans doute de se prononcer absolument sur l'état de la peinture en France d'après les spécimens réunis au Salon, car ces produits de l'art contemporain n'en résument pas les caractères sans plus d'une lacune considérable. Les entreprises de décoration monumentale que l'usage a consacrées depuis plusieurs années, et que nous souhaiterions, dans l'intérêt du progrès sérieux, voir se multiplier encore, les peintures exécutées sur place expliquent à la fois l'absence des œuvres importantes et l'abstention ou l'avarice apparente de certains talents. Si M. Delacroix par exemple n'a exposé que quelques petites toiles qui ne sauraient ajouter beaucoup à sa réputation, si MM. Flandrin et Lehmann n'ont envoyé au Salon

Henri Delaborde

que des portraits ou des compositions de dimension restreinte, les vastes travaux que ces artistes ont achevés récemment, ou qu'ils poursuivent dans les édifices publics, nous donnent le secret de cette représentation incomplète. Que l'on tienne compte aussi de l'éloignement volontaire des maîtres qui pourraient le mieux par leurs exemples restaurer le goût de l'art et de la beauté véritables, on comprendra ce qui laisse à l'ensemble des œuvres exposées une physionomie en quelque façon secondaire, et aux meilleures d'entre elles une valeur de pur agrément.

La peinture d'histoire, pour nous servir du terme consacré, c'est-à-dire l'image du fait dans son acception épique, n'est pas représentée au Salon, ou du moins elle y tient si peu de place, elle y apparaît de loin en loin sous des formes si modestes, qu'à peine semble-t-elle participer à la vie commune et réclamer une part d'attention. Que les choses ont marché vite depuis les trente premières années du siècle, puisqu'un genre de peinture qui, avec le portrait, n'avait cessé jusque-là d'occuper toutes les forces de l'école et d'en résumer l'esprit, est réduite aujourd'hui à ce rôle subalterne, à cet état de délaissement presque absolu !

Moins rares au Salon que les scènes strictement historiques, les sujets religieux n'y figurent que pour attester aussi cette obstination à demi découragée, ces restes de foi dans l'art sérieux qui survivent tant bien que mal chez quelques artistes à la décadence des coutumes et des doctrines générales. Ici d'ailleurs l'insuffisance des œuvres est plus excusable et l'infidélité aux traditions moins sensible, car ces traditions, glorieuses pour notre pays dans le domaine de la peinture d'histoire, n'ont pas, au point de vue de l'inspiration chrétienne, une autorité aussi sûre. On peut dire même qu'à partir du XVIe siècle, c'est-à-dire depuis l'époque où notre école de peinture s'est constituée et définie, l'art religieux n'a jamais été le fait des maîtres français, non qu'ils aient, tant s'en faut, refusé de s'y essayer, mais parce que la nature de leur génie même ne leur permettait pas d'en remplir à souhait toutes les conditions. Leurs inclinations graves, mais d'une gravité sans rêverie, leur habitude de se renfermer dans les limites du fait ou d'en idéaliser si discrètement l'apparence que la raison se trouvât satisfaite au moins autant que l'imagination, tout faisait obstacle au plein succès lorsqu'ils abordaient des sujets dont la signification doit résulter d'une expression de poésie abstraite plutôt que de l'image fidèle d'un événement humain. Aussi ne pourra-t-on citer dans tous les tableaux qu'a produits notre école une figure du Sauveur véritablement émouvante, et, Lesueur excepté, n'avons-nous pas un seul peintre de sujets religieux à opposer aux grands artistes italiens. L'Évangile et surtout l'Ancien-Testament ont inspiré à Poussin des compositions admirables, dans lesquelles toutefois la majesté des intentions, l'ampleur et l'énergie du style l'emportent de beaucoup sur la piété du sentiment. Philippe de Champagne, talent bien français en dépit de son origine flamande, a eu quelquefois de l'onction, mais le plus souvent une dévotion tranquille et un peu compassée. Jouvenet a fait preuve de force, M. Ingres de sévérité et de noblesse. Si différentes, quant aux formes, que soient les œuvres de ces maîtres, elles ont cela de commun, qu'elles nous laissent pressentir assez peu au-delà de ce qu'elles nous montrent : nulle part l'effusion, l'entraînement, les tremblements de la ferveur, — partout une main calme, un esprit maître de soi, un goût exact, réglé, quelquefois même jusqu'à la froideur. À défaut d'équivalents, veut-on trouver dans les écoles étrangères quelques éléments de comparaison, quelques symptômes analogues à la manière solennelle et le sentiment ordonné de Fra Bartolomméo se rapprocheraient bien plus des tendances de l'art français en pareil cas que les intentions profondément pathétiques de Rembrandt, ou la tendresse d'âme de Fra Angelico et de Léonard.

Assez récemment, il est vrai, d'honorables efforts ont été tentés en France pour renouveler les conditions de la peinture religieuse et pour lui imprimer ce caractère d'émotion intime dont elle avait été trop souvent dépourvue. Les travaux d'Orsel et de ses amis, MM. Perin et Roger, les derniers ouvrages de Paul Delaroche et de Ary Scheffer, les peintures murales de M. Flandrin, accusent une aptitude imprévue, un développement remarquable du sentiment chrétien chez quelques artistes contemporains ; mais ce progrès tout personnel est demeuré sans conséquences, sans influence fort sensible sur les habitudes de l'école. Si le doute pouvait exister à cet égard, il suffirait d'examiner un instant les tableaux religieux exposés au Salon. Telle toile signée d'un nom pourrait l'être impunément d'un autre, telle scène de la Passion que nous voyons en réalité pour la première fois semble avoir déjà passé sous nos yeux, tant les procédés de composition sont uniformes et les moyens d'exécution surannés. Plus d'une production sans doute se recommande par une certaine expression de convenance, on dirait presque d'honnêteté, dans le style ; mais il en est des principes en vertu desquels de pareilles œuvres sont conçues et exécutées comme des recettes fournies par la rhétorique en matière littéraire. Rien de plus légitime que de profiter de celles-ci, à la condition pourtant de ne pas en substituer l'emploi au travail même de la pensée. Dans beaucoup de tableaux religieux, les images sont à peu près exactes, les lois de la syntaxe respectées ; nulle faute considérable, nul indice absolu d'ignorance, mais aussi nulle trace d'inspiration. On ne saurait parler plus correctement : le malheur est seulement qu'on parle pour ne rien dire, et qu'en menant à fin ces sortes de sermons pittoresques, les artistes semblent avoir songé bien plutôt à s'acquitter d'une tâche oratoire qu'à plaider avec une foi sincère la cause de Dieu et de la religion. De là l'indifférence où nous laissent à chaque Salon les compositions sur des sujets sacrés, de là aussi certaines injustices involontaires envers quelques œuvres perdues au milieu de ces œuvres banales, dont elles s'isolent cependant par la loyauté des intentions et l'expressive simplicité de la manière.

Les tableaux de M. Timbal appartiennent à cette classe d'ouvrages bien pensés vers lesquels la foule ne se sent pas attirée parce qu'elle n'est séduite ici ni par la nouveauté des sujets, ni par l'éclat de la pratique, mais qui n'en ont pas moins une importance véritable, une valeur plus sérieuse que bon nombre de toiles auxquelles s'attache tout d'abord le succès. *L'Église triomphante*, reproduction d'une frise peinte dans l'église de Pierrefitte, et surtout les *Funérailles d'un chrétien martyrisé sur la voie Latine*, font honneur au talent de M. Timbal, et témoignent chez le peintre d'un respect peu commun pour les hautes conditions de l'art. Il y a, dans le second de ces tableaux, une expression générale de deuil et de recueillement bien conforme à l'esprit de la scène. N'étaient quelques ajustements un peu trop prévus, quelques tons dont le choix semble avoir été trop directement conseillé par des traditions ou des habitudes d'atelier, rien de conventionnel ne déparerait une toile qui mieux qu'aucune autre à notre avis, représente au Salon le sentiment et l'art religieux. Ajoutons que les portraits peints par M. Timbal achèvent de donner la mesure de ce talent, retenu dans la forme, mais au fond convaincu et bien muni. Un portrait de femme vêtue de noir se distingue, entre autres, par la sobriété de l'exécution, par la vérité du dessin et du modelé, par l'expression naturelle de la physiono- mie.

En mentionnant les tableaux de M. Timbal de préférence à tous les tableaux du même genre exposés au Salon, nous n'avons pas en- tendu condamner absolument ceux-ci, ni exagérer la distance qui sépare quelques-uns d'entre eux de deux œuvres dignes seulement d'une sérieuse estime. Assez près, bien qu'au-dessous, de *l'Église triomphante* et des *Funérailles d'un chrétien*, il convient de placer non pas *le Pressentiment de la Vierge* par M. Landelle, — compo- sition singulièrement mondaine où la coquetterie des types et du style est en désaccord avec la grandeur du sujet, — mais une *Vierge de douleur* de M. Pina, *le Souper libre* de M. Lévy, le *Saint Benoît* de M. James Bertrand, quelques autres toiles ou dessins signés des noms de MM. Dumas, Léon Job et Laville, parce que ces ouvrages, à défaut d'originalité très franche, portent au moins l'empreinte d'une pensée studieuse et d'un louable bon vouloir. Ne faut-il pas honorer d'ailleurs cette persévérance d'un petit nombre d'artistes à rechercher, en dépit de la mode, ce qu'il y a de plus difficile, de plus élevé dans l'art ? Le succès, quoi qu'on en dise, n'est pas tout en pareil cas, et quiconque aime véritablement la peinture, quiconque en prend au sérieux l'objet et la fonction, doit tenir plus de compte des entreprises, même incomplètes, tentées en vue d'une haute vé- rité que des aventures heureuses dans le domaine de la réalité ou de la petite fantaisie.

Parmi les ouvrages qui commandent à ce titre, sinon les éloges formels, au moins l'attention de la critique, le *Combat dans la gorge de Malakof*, peint par M. Yvon, mérite mieux qu'aucun autre d'être cité. Nous ne voulons pas surfaire la valeur de ce travail, dans le- quel l'énergie du style est bien près de dégénérer en violence exces- sive et l'expression de la grandeur en emphase. C'est quelque chose pourtant que de chercher à combiner dans le sens de l'unité et de l'ampleur pittoresques les éléments d'une scène aussi compliquée. Il est bien de vouloir imprimer à l'image d'un fait le caractère de la vraisemblance sans pour cela lui attribuer la modeste signification d'un procès-verbal. Des préoccupations de cet ordre, ces efforts pour élargir l'esprit et les formes d'un sujet, sont si peu de mise aujourd'hui qu'on serait presque tenté d'accepter les bonnes intentions comme un résultat suffisant, et les semblants du bien pour le bien véritable. L'élévation du sentiment ne se manifeste nulle part avec autorité : il faut donc se contenter d'en relever quelques traces, quelques symptômes, même confus, là où l'on peut les surprendre. Un *Retour de chasse* par exemple, fragment de peinture murale exécuté par M. Puvis de Chavannes, laisse percer à travers bien des incorrections, bien des témoignages d'inexpérience, une lueur de ce sentiment qui fait défaut à tant d'œuvres matériellement moins imparfaites ; cela suffit pour que l'auteur de ce tableau ait droit à des encouragements. Évidemment M. de Chavannes a encore beaucoup à apprendre, mais quelques parties de son *Retour de chasse* semblent indiquer chez l'artiste un certain instinct de la grandeur. Peut-être, avec du travail et une étude plus sévère de la forme, ce que l'on entrevoit ici à l'état de promesse se résoudra-t-il en qualité positive.

Nous avons dit que la peinture d'histoire, en tant qu'interprétation vraiment épique des événements et des actes humains, est à peu près absente du Salon. En revanche, s'il faut entendre par ce mot la chronique pittoresque, la restitution archéologique des mœurs et des choses, les spécimens de la peinture d'histoire ne manquent pas à l'exposition de 1859. Le fait au surplus n'est pas nouveau. On sait que depuis quelques années une petite église s'est constituée, dont le culte se résume non pas dans la dévotion à l'art antique, — c'est-à-dire à l'expression suprême du naturel et du beau, — mais dans l'adoration des formules extérieures, des usages, des costumes de l'antiquité. Sous le pinceau des uns, cette nouvelle foi esthétique s'est traduite dans des compositions ingénues souvent jusqu'à la puérilité ; le style grec ou romain a servi surtout à rajeunir les mignardises surannées du XVIIIe siècle, et l'art sévère retrouvé à Athènes ou sous les cendres du Vésuve est devenu une sorte de vêtement à la taille des héros de Berquin. Le pinceau des autres nous a rendu avec un soin minutieux, avec une rigueur officielle, des détails inconnus de mœurs, d'ajustement, d'ameublement et d'architecture. Rien de mieux si, à force d'insister sur l'exactitude de ces restaurations, on n'avait fini par substituer absolument le fait matériel à l'image, l'archaïsme au style personnel, et le résultat des recherches curieuses à l'expression de la pensée.

Le plus distingué comme le plus radical de ces peintres antiquaires, M. Gérôme, qui, entre autres ouvrages un peu plus historiques que de raison, exposait, il y a quelques années, certain *intérieur* où les particularités les moins édifiantes de la civilisation grecque étaient trop résolument mises en lumière, M. Gérôme, avait paru récemment vouloir se départir de ses habitudes d'érudition à outrance. La *Sortie du bal masqué*, le moins savant dans un certain sens, mais jusqu'ici le meilleur de ses ouvrages, prouvait que le talent de l'artiste gagnait beaucoup à se produire en dehors de l'archéologie. Par malheur, au lieu de continuer à prendre conseil de son imagination, M. Gérôme est revenu aux investigations scientifiques. Il a de nouveau compulsé les textes, interrogé les monuments de préférence à la nature, et procédé avec la sagacité patiente d'un bénédictin là où il convenait surtout de faire acte de peintre.

Des trois tableaux que M. Gérôme a exposés, un seul, *César*, offre quelque chose de plus qu'un intérêt de pure curiosité, bien que, même ici, l'accessoire l'emporte sur le principal, et que la prédilection excessive avec laquelle les objets secondaires sont étudiés et rendus amoindrisse la signification essentielle de la scène, l'impression dramatique que devait produire le cadavre sanglant de César gisant abandonné. Lorsqu'on examine isolément cette figure, nul doute qu'on n'apprécie l'exactitude du dessin et l'habileté avec laquelle le raccourci des membres s'exprime sous la draperie qui les enveloppe ; mais au premier aspect ce mérite disparaît presque, tant la figure du héros est sacrifiée et comme perdue dans la toile. Le choix de l'effet, aussi bien que l'ordonnance des lignes, semble avoir pour objet d'en diminuer l'importance. L'étendue déjà trop vaste du fond s'exagère encore par l'éclat du jour qui l'éclaire, tandis que le corps de César, dont les pieds seulement reçoivent la lumière, est plongé dans une ombre épaisse, si épaisse même que le peu qu'on entrevoit des chairs à l'apparence et la couleur du bois. Il y a dans cette disproportion entre la figure et le champ du tableau une faute grave de composition qu'on s'étonne de voir commise par un artiste dont la qualité principale est le goût. Le côté expressif du sujet apparaîtrait bien plus nettement, l'effet dramatique serait plus puissant et plus sûr, si, au lieu d'être ainsi délayée, la composition se trouvait resserrée dans des limites étroites. Deux toiles, bien que fort différentes quant à la manière, nous serviront

Henri Delaborde

d'exemples : l'une, sorte d'*ex-voto* peint par Velasquez, ornait, il y a quelques années, la galerie de M. Pourtalès : elle représente un homme assassiné dans la campagne et étendu à terre à peu près de la même façon que le *César* de M. Gérôme ; l'autre est le *Christ mort* de Philippe de Champagne, que possède le musée du Louvre. Dans ces deux tableaux, le peu d'espace laissé au-dessus et autour des figures ajoute à l'impression de terreur, au sens lugubre de la scène : elles semblent l'une et l'autre d'autant plus immobiles, d'autant mieux envahies et vaincues par la mort, qu'elles sont comme opprimées par l'exiguïté du champ pittoresque. Nous regrettons que M. Gérôme n'ait pas cru devoir adopter en ceci la méthode de Velasquez et de Philippe de Champagne, et que dans le sujet choisi par lui, dans cette grande scène de l'histoire, il ait trouvé surtout l'occasion de nous montrer une salle vide et quelques sièges renversés.

On peut rapprocher du *César* de M. Gérôme le *Junius Brutus* de M. Ulman, non certes que l'attention publique se partage également entre ces deux ouvrages, mais parce qu'ils la méritent l'un et l'autre à des titres à peu près égaux. Qui sait même ? peut-être ne manque-t-il au tableau de M. Ulman, pour être plus généralement apprécié, qu'une place moins défavorable et la recommandation d'un nom dès longtemps connu ; peut-être y a-t-il en réalité autant d'expérience technique, autant de certitude de dessin et de pinceau dans les deux corps des fils de Brutus que dans le cadavre de César. En tout cas, la science de la forme nue est beaucoup moins contestable ici que dans le petit tableau où M. Gérôme a peint, à grand renfort de documents archéologiques, un fait médiocrement digne de mémoire, l'acte d'imprudence, pour ne rien dire de plus, commis par le roi Candaule à l'égard de sa femme et de Gygès. Passons du reste condamnation sur le sujet. La beauté de Nyssia, motif principal du tableau, était une donnée pittoresque suffisante, et d'ailleurs les formes nues d'une Lydienne mythologique, ou peu s'en faut, peuvent être acceptées comme un thème plus chaste pour le pinceau que les bergères à demi vêtues et les galanteries renouvelées de Boucher. Malheureusement cette figure, dont l'apparence devait résumer toutes les perfections de l'art antique et élever le fabliau à la hauteur du poème, M. Gérôme l'a traitée avec une indécision, une incorrection même fort éloignées de la finesse qu'il avait su montrer ailleurs, dans le *Combat de Coqs* par exemple. Il faut que, depuis l'époque où il exécutait son premier tableau, M. Gérôme se soit bien désaccoutumé de l'étude du nu pour en venir à dessiner des morceaux aussi faibles que le bras droit de la femme de Candaule, a modeler aussi pauvrement le dos et les jambes, et à promener sur le tout un ton aussi complètement inerte. À côté de cette figure vague et invraisemblable, tous les détails de l'architecture sont minutieusement définis. Le plus petit ornement et la moindre moulure ont une précision et une netteté qui font ressortir d'autant mieux l'insuffisance de l'imitation dans les formes animées. Objectera-t-on comme un précédent ou comme une excuse à cette faute la *Stratonice* de M. Ingres ? L'exemple ne serait pas concluant. Avec quelque rigueur que soient rendus les objets qui entourent Antiochus et Stratonice, ces objets ne préoccupent pas si bien le regard que le dessin et l'expression des figures perdent toute importance, tout accent de prééminence et de vie. Qu'il eût été opportun de sacrifier ici quelque chose des réalités secondaires, j'en demeure d'accord ; mais rien de plus facile qu'une telle besogne. Au moyen de quelques glacis, un peintre, même médiocre, s'en acquitterait à souhait, et réparerait aisément les fautes, si l'on veut, de M. Ingres ; en revanche, qui eût été capable de donner au tableau ce caractère de grandeur, de puissance pathétique et d'élévation dans le style que M. Ingres a su lui imprimer ? Dans l'œuvre de M. Gérôme au contraire, ce que l'artiste, mieux qu'un autre, était en mesure de déterminer, c'est la physionomie tout extérieure des choses, la couleur locale, comme on disait autrefois ; ce que d'autres eussent pu formuler, ce qui manque à ce travail de restauration curieuse, c'est le sentiment et l'expression de la vie. *Le roi Candaule* est un tableau intéressant, en ce sens qu'il nous initie à certains secrets des mœurs gréco-asiatiques, qu'il nous ouvre la chambre à coucher d'un Héraclide, telle qu'elle a pu être décorée et meublée sept cents ans avant l'ère chrétienne ; mais un mérite de ce genre participe moins directement de l'art personnel que de l'érudition, des formes de l'instinct pittoresque que de la dissertation scientifique.

Le troisième tableau de M. Gérôme, *Ave, Cæsar imperator, morituri te salutant*, n'a pas une valeur d'un autre ordre. Jamais sans doute la peinture n'avait reproduit avec une sincérité aussi positive les armures et les ajustements bizarres des gladiateurs ; jamais la disposition intérieure du cirque, les ornements du *velarium*, les places réservées aux différentes classes de spectateurs n'avaient été aussi scrupuleusement restitués. Nos yeux ne connaissaient pas encore ces vans où l'on puisait du sable pour étancher le sang répandu dans l'arène, ces longs crochets avec lesquels on happait les cadavres pour les entraîner hors du cirque ; mais nous avions vu ailleurs, et dans les œuvres de M. Gérôme lui-même, des morceaux mieux dessinés que le bras nu de Vitellius, des figures modelées et coloriées avec plus de souplesse que le groupe des gladiateurs. À force de transcrire textuellement les documents antiques, le pinceau de M. Gérôme immobilise et nie en quelque sorte, dans l'image du corps humain, les accidents de la ligne et du ton. Il donne littéralement aux chairs l'apparence métallique des monuments qu'il a consultés, et l'expression naturelle se trouve ainsi sacrifiée à la recherche exagérée du style. Le peintre de *César*, du *Roi Candaule* et des *Gladiateurs* est un artiste trop distingué, il a souvent fait preuve d'un talent trop réel pour qu'on puisse voir sans de vifs regrets ce talent se dépenser en efforts secondaires, en tentatives de plus en plus étrangères aux vraies conditions de la peinture. Nous ne prétendons nullement prescrire à M. Gérôme l'abandon des sujets qu'il a préférés jusqu'ici ; nous lui demandons seulement de se corriger, dans une certaine mesure, de ses habitudes archéologiques, et, même en traitant des sujets antiques, de se souvenir davantage des qualités qui assurent à sa *Sortie du Bal masqué* une portée pittoresque plus grande, une originalité plus sérieuse que n'en ont les œuvres qu'il produit aujourd'hui.

Les recherches érudites dans lesquelles M. Gérôme nous paraît compromettre l'avenir de son talent ne sont pas, tant s'en faut, ce qui préoccupe M. Hébert. Il semble au contraire que le peintre de la *Mal'aria* se soit fait une loi absolue de ne transporter sur la toile que des scènes actuelles, des types qu'il aurait habituellement sous les yeux. Une seule fois, il s'est départi de cette règle en peignant, il y a quelques années, son *Baiser de Judas*. Encore l'exécution de ce tableau, très recommandable d'ailleurs, trahissait-elle des intentions médiocrement conformes aux traditions sévères de la peinture religieuse, et comme le désir d'ajuster un aussi grand sujet aux proportions du goût moderne. Si M. Hébert doit se prémunir contre une tendance dangereuse pour son talent, c'est précisément contre un sentiment timide, contre des inclinations flottantes qui pourraient dégénérer en scepticisme formel. M. Hébert appartient à cette classe d'artistes dont l'intelligence, plutôt délicate que puissante, plutôt prudente qu'inspirée, craint à la fois de se fourvoyer en s'aventurant dans les innovations, et de tomber dans les redites en procédant comme les maîtres. De là, dans les ouvrages du peintre de la *Mal'aria* une manière un peu effacée, des expressions un peu chétives : grâce de l'à-peu-près, charme équivoque, qui résulte d'une correction presque négative et d'une adroite indécision.

On sait que le pinceau de M. Hébert s'est voué exclusivement à la peinture des sujets italiens modernes ou plutôt à la représentation de certaines pastorales italiennes où les femmes seules doivent figurer, car ce pinceau, agréable avant tout, n'oserait aborder les formes viriles. Il n'a garde même d'interpréter dans le sens de la grandeur et de la force les types spéciaux qu'il a choisis. Ne cherchez ici ni la beauté robuste des paysannes peintes par M. Schnetz, ni la noblesse et l'élévation de style que Léopold Robert savait rencontrer en face des mêmes modèles. Tout en respectant pieusement le caractère des ajustements, des haillons même qu'il a sous les yeux, tout en s'efforçant de conserver aux filles d'Alvito ou de la Cervara quelque chose de la physionomie sauvage qui leur est propre, M. Hébert travaille avec un soin non moins scrupuleux à donner au tout une signification en rapport avec nos habitudes civilisées. Il *francise*, si l'on peut ainsi parler, ses modèles, non pas en les travestissant à la manière des peintres du XVIIIe siècle, qui enjolivaient les scènes rustiques avec des coquetteries empruntées au théâtre, mais en les mettant au niveau de notre goût pour une autre sorte de joli : — la menue mélancolie et la grâce maladive. Suit-il de là que le talent de M. Hébert soit sans valeur et sans portée sérieuses ? Telle n'est pas notre pensée. Ce talent n'eût-il d'autre mérite que d'attester une sincère aversion pour les intentions vulgaires, pour les formes d'expression banales, il faudrait en tenir compte dans l'histoire de l'art contemporain, et lui reconnaître, à défaut d'autorité magistrale, une véritable opportunité. D'ailleurs, bien que les tableaux exposés cette année par M. Hébert n'offrent encore qu'une sorte de compromis entre la volonté personnelle et les influences extérieures, bien que l'élégance du style n'y soit

Henri Delaborde

que trop souvent achetée au prix de la franchise et du naturel, on y trouve çà et là plus de fermeté que dans les travaux précédents de l'artiste. Nous ne croyons pas que M, Hébert ait peint jusqu'ici des morceaux d'un caractère aussi net que la tête de la petite fille dans *les Cervarolles*, d'un dessin aussi précis que le bras gauche et la main de la jeune femme représentée dans le même tableau portant un vase de cuivre sur la tête. Pourquoi faut-il que le visage de cette femme soit modelé avec une indécision telle qu'il ne laisse rien pressentir de la construction intérieure, et que la mollesse du pinceau et du coloris vienne, là comme ailleurs, appauvrir l'expression ? L'aspect général du tableau est au reste attrayant, quoique la recherche du procédé matériel, trop évidente dans quelques parties, dans les rochers par exemple, déconcerte un peu le regard et nuise au relief d'objets plus intéressants. Peut-être aussi n'était-il pas bien nécessaire de traiter dans des dimensions aussi vastes ce sujet, qui n'en est pas un ; peut-être la familiarité même d'une scène composée seulement de trois figures en devoir de puiser ou de porter de l'eau excluait-elle ces proportions héroïques. On ne saurait toutefois faire de cette question un reproche formel à l'adresse de M. Hébert. Une petite toile, véritablement faible, que l'on voyait au Salon dernier, *les Fienarolles*, et cette année même un autre petit tableau, *Rosa Nera à la fontaine*, prouvent que le pinceau de M. Hébert a besoin de s'exercer sur un champ un peu large pour donner la mesure de son habileté.

Les qualités et les défauts, du peintre des *Cervarolles* se retrouvent dans le *portrait de femme* qu'il a exposé. Tout dans cet ouvrage laisse soupçonner des aspirations distinguées ; rien de définitif n'y apparaît, rien de tout à fait voulu ni d'affirmé. Le style a de l'élégance, mais cette élégance un peu molle qui avoisine la langueur ; le dessin est souple et le ton harmonieux, mais on ne reconnaît là ni la main convaincue d'un dessinateur, ni la main passionnée d'un coloriste. On peut dire en général du talent de M. Hébert que, s'il est loin de manquer de charme, il manque d'accent et de caractère précis, et que ce charme même, suffisant pour assurer à l'artiste une place d'élite parmi les talens contemporains, est à la savante grâce des maîtres ce que l'agréable est à l'exquis, ou l'adresse de la mise en œuvre à l'expression d'un sentiment profond.

La mort enlevait récemment un artiste qui avait, comme M.

Hébert, rencontré de bonne heure et presque au début le succès populaire. M. Bénouville, le peintre de *Saint François d'Assise bénissant sa ville natale* y était, lui aussi, l'un des mieux intentionnés entre ceux qui s'efforcent de résister aux entraînements matérialistes de l'art moderne. S'il n'avait pas la forte organisation d'un maître, il avait le goût pur, la main savante et ferme d'un disciple de la bonne école. Quoique les tableaux signés de son nom qui figurent au Salon de 1859 nous semblent devoir laisser au *Saint François* une importance principale dans la trop courte carrière de l'artiste, de telles œuvres n'en sont pas moins de nature à légitimer les regrets qu'a excités cette fin prématurée. Le premier de ces tableaux, — portrait de famille doublement funèbre, puisque l'exécution en a été interrompue par la mort de l'un des modèles et par la mort du peintre lui-même, — n'est dépourvu ni de grâce dans la composition, ni d'une certaine élévation dans le style. Le second, représentant *Sainte Claire recevant le corps de saint François*, atteste une fois de plus ce qu'avaient révélé déjà les autres travaux de M. Bénouville, une manière sobre, consciencieuse, exempte de pédantisme, sinon de quelque froideur. Enfin le plus important à tous égards de ces trois ouvrages posthumes, *Jeanne d'Arc* au moment où elle entend les *voix* qui l'appellent à la délivrance de son pays, montre sous un aspect assez neuf une figure et un sujet bien souvent abordés par le pinceau.

Que de fois, dans notre siècle surtout, cette noble figure de la Pucelle n'a-t-elle pas séduit l'imagination des peintres et des sculpteurs ! Il semble que l'art ait tenu à honneur de venger la sainte héroïne des injures de la poésie, et que les sarcasmes proférés par Voltaire, en soulevant la conscience publique, n'aient servi qu'à rendre plus respectable et plus chère cette mémoire un moment outragée. Et cependant, malgré tous les efforts tentés jusqu'ici, le type en quelque sorte classique de Jeanne d'Arc est encore à déterminer. Il y a deux manières de concevoir cette figure. On peut ou faire prédominer l'élément héroïque en donnant aux traits, à l'attitude, à toute la personne de Jeanne d'Arc une physionomie robuste qui exprimera la virilité de l'âme, ou bien ne nous laisser voir que la colombe séraphique, peindre la résignation d'une douce victime, d'une martyre docile aux ordres de Dieu, mais d'autant plus digne de vénération qu'elle sera physiquement plus délicate, et que le rôle accepté par elle sera moins conforme à sa faiblesse. De ces deux modes d'interprétation, le second est le plus vraisemblable peut-être, c'est en tout cas le plus poétique : aussi les artistes l'ont-ils habituellement préféré. La princesse Marie d'Orléans dans sa statue du musée de Versailles, M. Saint-Èvre dans un joli tableau que possède le musée du Luxembourg, M. Mottez dans une de ses peintures à fresque qui décorent le portail de Saint-Germain-l'Auxerrois, beaucoup d'autres encore, ont envisagé Jeanne d'Arc à ce point de vue de la candeur et de la grâce mystique. Sans rompre complètement avec les traditions de ses prédécesseurs, M. Bénouville a tenté de les modifier dans un sens plus passionné. Tout en conservant à l'humble *pastoure* le caractère de jeunesse et d'innocence nécessaire à cette chaste figure, il a voulu, dans la physionomie comme dans le geste, faire pressentir la ferveur et l'enthousiasme. Malgré son attitude énergique, malgré l'animation de ses traits, Jeanne d'Arc, telle qu'il nous la montre, n'est ni une pythonisse en délire, ni une muse violemment inspirée ; c'est une pauvre fille, une enfant presque, à demi exaltée, à demi terrifiée par les ordres miraculeux qu'elle reçoit. Elle relève la tête et regarde le ciel comme pour protester hautement de son obéissance, mais peut-être aussi pour puiser la force d'obéir sans regret et d'accomplir jusqu'au bout sa mission. Il y a dans cette expression complexe, dans ce mélange d'exaltation et d'étonnement craintif, quelque chose d'imprévu et de bien senti, quoiqu'un coloris un peu lourd, une méthode d'exécution un peu froide, desservent et contredisent jusqu'à un certain point l'intention morale du tableau. À quoi bon insister toutefois ? Comment avoir le triste courage de donner des avis à qui ne peut plus les entendre, de reprocher à cette main pour jamais inactive ses dernières défaillances ? Mieux vaut en saluer les derniers efforts et accepter avec une pieuse sympathie les reliques d'un talent que la mort vient de consacrer.

La génération à laquelle appartenait M. Bénouville compte plusieurs artistes dont l'habileté, incomplète à quelques égards, résume cependant aujourd'hui les espérances les plus sérieuses de notre école : artistes zélés pour le bien, mais indécis encore quant aux moyens de le formuler ; talents courageux au fond, mais en apparence un peu dépourvus de volonté ferme et de fixité. M. Cabanel est un de ces talents que semblent travailler à la fois l'esprit d'indépendance et le doute. Une *Mort de Moïse*, qu'il envoyait de Rome il y a quelques années, un remarquable *portrait de femme* exposé en 1853, ses peintures à l'Hôtel-de-Ville et les tableaux de sa main qui figuraient à l'exposition universelle, accusent, à travers beaucoup de savoir et de goût, des hésitations, des contradictions même, qui ne permettent pas de prononcer sur les caractères de ses aspirations et de son style un jugement définitif. Le dernier tableau de M. Cabanel, *la Veuve du maître de chapelle*, ne peut qu'augmenter notre embarras sur ce point. C'est assurément un ouvrage distingué, mais peu significatif encore, une peinture agréable, mais d'un agrément assez vague, où toutes les conditions de l'art sont recherchées, sans qu'aucune qualité prédomine et s'impose ouvertement à l'attention. L'artiste capable de produire un pareil tableau est sans contredit un homme habile, une intelligence pleine de ressources. M. Cabanel pourtant a-t-il donné toute la mesure de son talent ? Il lui reste non pas à prouver son expérience technique et la souplesse de sa pensée, mais à se défier davantage de cette souplesse même, à dégager dans une œuvre franchement personnelle l'originalité de sa manière et de ses tendances.

M. Gendron a des allures moins sceptiques à quelques égards. Il possède une qualité très positive, l'instinct de la grâce dans la composition et dans la ligne, un genre d'habileté particulier, l'agencement correct et facile des formes en mouvement. Personne ne sait mieux que lui séduire le regard par le charme de l'ordonnance pittoresque et caresser l'esprit par une fantaisie discrète jusque dans l'image des faits surnaturels. Depuis le tableau des *Willis* jusqu'aux sujets allégoriques qu'il a peints sur les murs du vestibule de la cour des comptes et plus récemment dans l'hôtel de M. Péreire, M. Gendron a multiplié les témoignages de cette aptitude spéciale. Le meilleur des trois tableaux qu'il a exposés cette année, et que le livret intitule *la Délivrance*, en fournit une preuve nouvelle, sans attester pour cela un progrès. Il y a de la grâce sans doute et une délicate expression de tendresse dans la figure de cette jeune fille s'attachant au cou de son libérateur, tandis que celui-ci, sorte de Persée ou de Roger anonyme, à cheval sur un monstre fantastique, laisse flotter les rênes, et répond à cette douce étreinte par un demi-sourire, précurseur du baiser ; mais, malgré plus de fraîcheur dans le ton peut-être, plus de finesse dans l'exécution de certaines

Henri Delaborde

parties, il n'y a rien là que les précédents ouvrages de l'artiste n'aient laissé suffisamment deviner. Est-ce assez d'ailleurs que ce talent de procurer à l'imagination un vague plaisir, une sensation fugitive de poésie, au lieu d'informer nettement notre esprit de ce qu'il doit apercevoir et sentir ? Nous ne demandons pas, tant s'en faut, à la peinture de ne représenter que des faits absolument réels, de ne mettre en scène que des personnages ayant une histoire et un nom : nous croyons toutefois qu'il ne lui suffit pas d'exprimer, dans un sens pour ainsi dire musical, les rêves de la pensée, que la peinture doit avoir aussi une signification plus pratique, plus humaine, et que, même dans le domaine de l'idéal, il lui appartient encore de parler à la raison. M. Gendron se contente trop souvent d'effleurer en quelque sorte les surfaces de notre intelligence ; il a, lui aussi, quelque chose de ce sentiment moderne qui tendrait presque à déconsidérer le beau pour y substituer le joli. Si les intentions de son pinceau sont toujours ingénieuses et élégantes, elles semblent s'évaporer parfois dans le vague de cette élégance même et de ce charme un peu indéfini.

Moins expérimenté que M. Cabanel, moins bien doué que M. Gendron, M. de Curzon a de commun avec ces deux artistes la distinction originelle et l'ambition du bien ; seulement cette ambition, assez inconstante dans la forme, se traduit ou plutôt se dissipe en tentatives de toute espèce. Mythologie, scènes de mœurs, paysages, M. de Gurzon aborde tous les sujets, et il les traite, sinon avec un plein succès, au moins avec une délicate habileté. Sa manière ne manque ni de grâce ni de finesse, mais cette grâce est parfois bien près de dégénérer en mignardise ou en faiblesse, principalement dans les tableaux de grande dimension, dans la *Jeune Mère, souvenir de Picinesca*, par exemple. Aussi préférons-nous à cette composition, où l'élégance est comme délayée, des toiles plus petites, celle entre autres qui représente des *Femmes de Mola di Gaëta*. Ici du moins, la pâleur du ton, l'inconsistance du modelé et du dessin, semblent des imperfections plus pardonnables, bien qu'une scène de ce genre doive intéresser surtout par un caractère évident de vérité, et qu'il soit assez étrange de voir réduites à peu près à l'état d'apparitions des figures dont on peut en Italie coudoyer les modèles. Que M. de Gurzon y prenne garde : il ne suffit pas de faire preuve de goût dans le choix des lignes et des ajustements, il ne suffit pas d'indiquer subtilement l'expression et la forme, et d'établir une harmonie générale en décolorant chaque objet, en supprimant presque la valeur relative de chaque ton. On peut, en procédant ainsi, plaire quelque temps au regard, mais on arrive bientôt à le lasser. On s'use soi-même et l'on s'anéantit dans la pratique de cette méthode débile. L'exemple de M. Hamon, qui, après avoir peint le joli tableau *Ma Sœur n'y est pas*, en est venu si vite à produire des œuvres aussi fâcheuses que *l'Amour en visite*, — cet exemple doit donner à réfléchir à M. de Gurzon et à quiconque serait tenté d'ériger en système esthétique l'exiguïté de l'idée, l'amoindrissement de la forme et la négation de la couleur.

Le scepticisme, qui de nos jours nuit au développement de tant de talents bien nés, n'est nulle part plus apparent que dans les ouvrages de M. Baudry. En quelques années, ce jeune artiste a eu le temps de gagner le prix de Rome en satisfaisant aux exigences académiques, de peindre un grand tableau dans le goût des artistes de l'extrême décadence italienne, une autre toile à l'imitation d'un tableau de Titien, d'autres enfin, — et ce sont celles-là qu'il a envoyées au Salon, — reproduisant le style des peintres français du XVIIIe siècle, compliqué des ruses de métier, des procédés d'outil mis à la mode par certains peintres de genre contemporains. Nous attendrons, pour avoir une opinion sur le talent de M. Baudry, que ce talent consente à se produire sous des formes personnelles. Aujourd'hui nous ne pouvons que mentionner les témoignages les plus récents de ses hésitations et de ses erreurs, une *Madeleine pénitente, la Toilette de Vénus*, plusieurs *portraits*, et quelque chose de moins qu'une ébauche, le commencement d'une étude d'enfant, renouvelée d'ailleurs de Velasquez et intitulée *Guillemette*.

Si, au lieu de suivre, dans cette revue du Salon, la marche que semblait prescrire la nature des sujets traités, nous n'avions tenu compte que du mérite même des travaux, il nous aurait fallu citer en première ligne les tableaux peints par M. Breton, — le *Rappel des Glaneuses, la Plantation d'un Calvaire* et *le Lundi*, — car ces tableaux portent l'empreinte d'un talent véritablement supérieur. Hormis les beaux portraits peints par M. Hippolyte Flandrin, œuvres appartenant d'ailleurs à un tout autre ordre d'art et de doctrines pittoresques, y a-t-il parmi toutes les toiles exposées rien qui accuse aussi ouvertement l'intelligence et la main d'un peintre ? Les

Henri Delaborde

disciples de la triste école qui s'intitule *réaliste* ne manqueront pas de réclamer comme un des leurs le peintre de ces scènes rustiques, et peut-être, à l'aspect des paysans qu'a représentés M. Breton, une partie du public prendra-t-elle d'abord pour la confirmation du système de M. Courbet ce qui en est au contraire le plus concluant démenti. Il y a en effet entre les tableaux de l'école réaliste et les tableaux de M. Breton la différence qui existe entre l'effigie brute du fait et la vérité poétique, entre la transcription littérale d'un patois et le style d'une églogue. Personne, à coup sûr, n'attribuera le même genre d'exactitude aux scènes populaires photographiées pour ainsi dire par la plume de M. Henry Monnier et aux scènes champêtres que la plume de George Sand a décrites. Les peintures de M. Breton peuvent être rapprochées de celles-ci ; c'est dans la classe de celles-là qu'il faut reléguer les violents essais des sectaires du réalisme. Ne saurait-on, par exemple, en face du *Rappel des Glaneuses*, avoir présent à l'esprit le début de *la Mare au Diable*, et retrouver dans l'œuvre peinte quelque chose de cette ample harmonie, de ce calme majestueux de la nature que l'écrivain a su traduire en quelques pages excellentes ? C'est la première fois d'ailleurs que le pinceau réussit à représenter des villageois de notre pays sans en calomnier les types ni les idéaliser outre mesure ; c'est la première fois qu'il nous les montre dans leur vrai cadre, sans coquetterie comme sans pauvreté de style, sans fausse noblesse comme sans laideur outrée. Nous avions jusqu'ici bien des portraits tracés avec plus ou moins d'habileté, bien des scènes rustiques empruntées aux mœurs de nos provinces ; mais la fidélité de ces portraits ne dépassait pas les limites d'une ressemblance toute physique. Les costumes, les détails pittoresques, étaient soigneusement étudiés et transcrits : l'esprit intime, le côté poétique des sujets ne nous étaient pas révélés. Aussi véridique dans la traduction du fait matériel qu'aucun de ses devanciers, M. Breton sait de plus définir la signification des choses, renouveler et compléter par l'expression de son propre sentiment les émotions que nous avons pu éprouver nous-mêmes en face de la nature, en un mot, nous expliquer ce que nous avons vu, et dans quel sens il fallait le voir. Peut-être, — toute proportion gardée entre la diversité des manières et surtout des modèles, — M. Breton est-il appelé à devenir le Léopold Robert de nos campagnes. C'est là une belle place à prendre : puisse-t-il se rendre tout à fait digne de l'occuper !

Des différents tableaux que M. Breton a exposés, le plus séduisant
est sans doute *le Rappel des Glaneuses* ; mais il ne suit pas de là que
la somme de talent soit moindre dans la *Plantation d'un Calvaire*,
ni même dans *le Lundi*. À ne considérer que le nombre des figures,
les conditions particulières de la composition et du coloris, nous
croyons au contraire que le second de ces tableaux est supérieur
au premier. Dans les *Glaneuses*, la fin du jour, si bien exprimée
d'ailleurs par le ton du ciel et par la lueur qui glisse sur les terrains depuis l'horizon jusqu'aux premiers plans du tableau, le parti
d'ombre qui dessine en silhouettes vigoureuses les figures marchant
le dos tourné à la lumière, tout offrait des ressources pittoresques
et de sûrs éléments d'effet. L'écueil à éviter était un contraste trop
violent entre les parties claires et les parties obscures ; mais ce
contraste, même tempéré comme il l'est ici par des reflets, tournait
au profit de l'aspect général et en simplifiait les conditions. Dans
la *Plantation d'un Calvaire*, point d'oppositions de ce genre, point
d'ombre ni de lumière en quelque sorte. Le soleil est absent de ce
ciel de novembre sur lequel se dessinent, au fond, quelques pauvres
maisons, quelques arbres dépouillés de leurs feuilles, et, à droite,
les murailles blanchâtres d'une église. Une longue procession où
n'apparaissent que des gens misérablement vêtus, des habits aux
couleurs effacées, défile parallèlement à la base du tableau jusqu'au
point où la tête du cortège se détourne et se dirige, vue en raccourci, vers le fond. Sur le devant, quelques femmes agenouillées dont
l'une porte une ample mante de couleur claire, — problème pittoresque difficile à résoudre et précisément contraire aux traditions
d'atelier, qui prescrivent comme *repoussoirs* nécessaires les tons
vigoureux, — d'autres femmes, accompagnant la procession sans
entrer dans les rangs, rompent l'uniformité des lignes générales et
enrichissent suffisamment la composition. On le voit, nulle intention conventionnelle dans la mise en scène, nulle précaution même
en apparence pour se réserver des moyens d'effet et de coloris. Et
cependant comme ces tons éteints au premier aspect ou confondus
dans une harmonie tranquille ont chacun sa physionomie et son
accent ! Avec quelle vraisemblance chaque forme se relie à la forme
voisine sans rien perdre du caractère qui lui est propre, sans trahir
un calcul d'agencement, une ruse pour combler un vide ! Dira-t-

Henri Delaborde

on que l'instinct de la beauté fait défaut à ce pinceau sincère avant tout, mais sincère à la façon de certains artistes florentins du XVe siècle qui trouvaient dans l'expression de la vérité même le secret du style noble et de la grandeur : nous recommandons aux moins clairvoyants, entre autres morceaux remarquables, la figure tout entière de la femme qui, au premier plan, donne la main à une petite fille, les profils des religieuses et des franciscains, et les jeunes filles en costume de pénitentes marchant devant le crucifix. Pas d'artifice, mais un art profond, une rare fermeté de sentiment, une complète indépendance dans la manière, en un mot une véracité aussi éloignée de la servilité que de la jactance, telles sont les qualités qui donnent une importance considérable à ce simple tableau de genre, l'une des œuvres les plus sérieuses au fond et le plus franchement originales qui aient paru depuis longtemps.

Le Lundi ne ressemble au tableau dont nous venons de parler que par la justesse des expressions et l'extrême netteté du style : tout d'ailleurs diffère dans ces deux toiles. Il s'agit ici d'une scène de cabaret. Nous avons en général peu de goût pour les sujets de ce genre, et nous avouons même que toute la science pittoresque des *petits maîtres* hollandais et flamands ne les absout pas à nos yeux du tort grave d'avoir avili la peinture et leur propre talent. Chez Ostade, il est vrai, comme chez Teniers, les bizarreries, les vilenies même de la débauche sont reproduites avec une entière complaisance et sans autre dessein apparent que l'intention de les célébrer. M. Breton du moins a envisagé un sujet bas et fâcheux en soi à un point de vue plus digne de l'art. L'élément comique a une large part sans doute dans la composition de son tableau, et les figures du garde champêtre endormi, du buveur qui, en souriant d'un air bénin, cherche à protester de sa tempérance, révèlent à la fois trop d'indulgence pour des vérités de cet ordre et une habileté singulière à les exprimer ; mais, à côté de ces figures, celle de la femme qui, le bras étendu, le reproche dans les yeux et sur les lèvres, indique à son mari le chemin du logis, n'a-t-elle pas dans le geste, dans l'expression des traits, dans la physionomie générale, un caractère de fermeté, on dirait presque de grandeur, qui rachète ce que la scène en elle-même a de vulgaire ou d'inutile ? Nous regretterions cependant que M. Breton se laissât de nouveau séduire par quelque sujet appartenant à la classe des faits représentés dans son *Lundi*. Le charmant tableau qu'il exposait au Salon dernier, *la Bénédiction des Blés*, présage d'un talent aujourd'hui manifeste, les *Glaneuses*, le *Calvaire*, et même cette simple figure, une *Couturière de Village*, où il a personnifié la jeunesse honnête, la solitude paisible et le travail, voilà les thèmes qui conviennent à son pinceau. La moitié du talent consiste dans la connaissance exacte de ses aptitudes, dans la poursuite constante des vérités qu'on est le mieux en mesure de saisir et de s'approprier. Après les épreuves déjà subies, M. Breton doit savoir à quoi s'en tenir sur ses facultés personnelles et sur le genre de succès qui lui sont expressément réservés. Son habileté, peut grandir encore, son sentiment se développer et s'affermir, mais à la condition de respecter la foi et les inspirations originelles, et de ne rechercher le progrès que dans la voie naturellement tracée.

De tous les peintres, — et le nombre en est grand, — qui ont exposé au Salon des scènes rustiques, M. Brion mérite d'être nommé le premier après M. Breton. Son *Jeu de Quilles*, ses *Bretons à la porte d'une église pendant la messe*, surtout son tableau représentant *un Enterrement (bords du Rhin)*, révèlent une véritable finesse d'observation, des intentions neuves et un goût délicat. L'*Enterrement* en particulier fait honneur au talent de M. Brion. La morne tristesse des villageois qui demeurent immobiles sur le rivage, tandis qu'une barque emporte les restes de l'être qu'ils ont aimé, la douleur amère, mais silencieuse, des deux vieillards assis à côté du cercueil, le désespoir de la jeune femme debout en face d'eux, tout dans ce petit tableau est rendu avec justesse et avec une simplicité touchante ; tout résulte d'une émotion vraie, fort contraire à la fausse sensibilité dont il n'est pas rare de rencontrer des traces en pareil cas. Ajoutons que la lueur blafarde répandue sur le ciel et sur les eaux complète l'expression lugubre des figures et la signification morale de la scène ; mais il faut remarquer aussi que les tons manquent parfois de solidité, que quelque négligence se trahit dans l'exécution de certaines parties, des plantes aquatiques par exemple qui garnissent le premier, plan, et où l'on reconnaît les touches rapides et les accidents du pinceau bien plutôt que les formes empruntées à la nature. En général, il y a dans les tableaux de M. Brion une sorte de transparence, de coloris vitreux pour ainsi dire qui nuit au modelé des corps et en compromet la

Henri Delaborde

vraisemblance. Quelques efforts pour combattre ce défaut, moins sensible déjà dans les *Bretons à la porte d'une église* que dans *l'Enterrement* et dans *le Jeu de Quilles*, quelque défiance un peu plus habituelle de la facilité, et M. Brion achèvera de s'assurer un rang très honorable parmi les peintres de genre, si nombreux d'ailleurs et si habiles qu'ils se montrent aujourd'hui.

Il serait impossible au surplus, même dans un examen du Salon plus détaillé que celui-ci, de mentionner tous les ouvrages de quelque mérite appartenant soit à la peinture de genre proprement dite, soit à un ordre d'art plus relevé, bien qu'en dehors des conditions et du style de l'histoire. Le talent, mais un talent secondaire, il est vrai, est devenu le privilège de tant de gens, l'habileté se prouve si bien aux mains de tout le monde, qu'on est forcé de s'en tenir sur ce point aux appréciations collectives et aux aperçus généraux. Nous ne saurions toutefois passer ici sous silence une très agréable composition, l'*Hosanna* de M. Roux, talent chaste et fin auquel il ne manque peut-être pour entrer décidément en faveur qu'une fécondité plus continue. Il nous faut citer encore une gracieuse figure de femme, la *Rêverie*, peinte par M. Aubert dans le goût antique, mais un peu aussi dans le goût de MM. Gérôme et Hamon, les *Espagnols malades* de M. Guillaume, et *les Marais-Pontins* de M. Rodolphe Lehmann, tableaux dont le tort principal est d'avoir eu pour précédent la *Mal'aria* de M. Hébert, enfin, dans un tout autre ordre de sujets, *le Marabout de Sidi-Brahim*, fait d'armes héroïque reproduit par M. Devilly avec une verve remarquable, mais non sans quelque exagération parfois, non sans quelque emportement du pinceau.

Le tableau de M. Devilly nous servira de transition entre les compositions de différents genres que nous avons examinées jusqu'ici et les scènes exclusivement empruntées aux pays ou aux mœurs de l'Orient. On sait que dans l'art contemporain une place considérable appartient à quelques peintres qui ont été chercher en Asie ou en Afrique des modèles et des inspirations. L'un des plus distingués d'entre eux, qui est aussi un écrivain d'un rare mérite, M. Fromentin, résumait, il y a peu de temps, ici même, les développements successifs de « ce que la critique moderne, disait-il, a nommé la peinture orientale, » et il en personnifiait les progrès dans trois talents diversement caractéristiques, — Marilhat, M.

Decamps et M. Delacroix.[1] Ce sont ces maîtres en effet qui ont ou-
vert la voie, ou plutôt ils l'ont si bien parcourue d'un bout à l'autre
que ceux qui y marchent après eux inclinent tous plus ou moins,
malgré leurs efforts et leur volonté d'indépendance, vers des traces
qu'ils retrouvent à chaque pas. M. Fromentin lui-même, quelles
que soient d'ailleurs ses aptitudes et sa clairvoyance personnelles,
réussit-il pleinement à s'affranchir des souvenirs et de l'autorité de
M. Delacroix ? Ces préoccupations involontaires sont, il est vrai,
de moins en moins sensibles dans les œuvres de M. Fromentin,
et les progrès accomplis par l'artiste depuis quelques années nous
offrent un éloquent témoignage des ressources sérieuses de son
talent. *L'Audience chez un khalifat* se distingue par la largeur de
l'aspect, par une ordonnance des plus heureuses, et si *les Bateleurs
nègres, une Rue à El-Aghouat*, n'ont pas tout à fait la même importance, ces toiles n'en laissent pas moins pressentir l'élévation de la
pensée et la singulière délicatesse du style qu'attestent les écrits de
M. Fromentin.

Il faudrait presque reprocher l'excès de la netteté dans le dessin et
de la précision dans le faire aux travaux de MM. Gustave Boulanger
et Bida. Le premier de ces artistes a peint des *Pâtres arabes* avec un
fin sentiment de la forme et de la physionomie, mais aussi avec
une tranquillité de pinceau voisine de la froideur ; le second, en
étudiant de trop près et trop séparément chaque groupe dans son
grand dessin, la *Prédication maronite*, a donné à l'aspect de la composition quelque chose de pénible et de morcelé. La disproportion entre quelques figures, placées en réalité à peu près au même
plan, contribue à fausser l'harmonie de l'ensemble ; il y a là un
nouvel indice de cette propension de l'artiste à considérer le détail comme un objet isolé, et non comme un simple élément de
la vérité générale. Disons aussi que, même dans *la Prière*, le meilleur, à notre avis, des récents ouvrages de M. Bida, l'expression,
l'intention secrète, sont un peu sacrifiées à l'adresse de la pratique.
M. Bida a prouvé ailleurs qu'il savait rendre sous des formes ingénieuses, émouvantes même, les actions et les passions humaines. Il
serait fâcheux qu'un talent aussi bien inspiré parfois se réduisît à la
traduction de certaines données purement pittoresques. Est-ce assez de copier scrupuleusement des costumes, de formuler pièce à

---

1 *Une Année dans le Sahel*, livraison du 1er décembre 1858.

Henri Delaborde

pièce les caractères extérieurs de ses modèles, lorsqu'on est capable d'en exprimer la physionomie intime, et de faire ressortir une pensée, un fait moral de l'image même de la réalité ?

Bien que les diverses *Vues d'Égypte* qu'a peintes M. Belly et les tableaux de MM. Pasini et Tournemine appartiennent, par la nature des sujets, à la classe des paysages, on peut les rapprocher des toiles de M. Fromentin et des dessins de M. Bida. Ces paysages attestent en effet l'activité et aussi l'habileté d'une fraction assez notable de notre école, de ce groupe d'artistes dont nous parlions tout à l'heure, qui se sont voués à l'étude de la nature orientale. En outre, ces souvenirs des contrées lointaines ont une portée esthétique tout autre que les nombreux portraits reproduisant des sites de notre pays. La majesté des lieux que nous l'ait visiter le pinceau de M. Belly, l'aspect étrange même de ces plaines de la Perse qui s'étendent à perte de vue dans le *Départ pour la Chasse* de M. Pasini, tout ici nous repose des gentillesses de style et d'effet trop souvent en usage dans les œuvres de nos paysagistes. Les tableaux de M. Belly et de ses rivaux n'eussent-ils, — et ce n'est point le cas, — d'autre mérite que d'exprimer la grandeur par le choix même des sujets, il faudrait encore en tenir compte comme d'une exception heureuse à la coutume générale, et apprécier l'opportunité de cette protestation implicite contre les aspirations, trop peu ambitieuses à quelques égards, de notre école.

On sait en effet dans quelle humble acception la peinture de paysage est prise aujourd'hui en France ; on sait quels progrès se sont accomplis au point de vue de la vérité matérielle, mais aussi à quels sacrifices on s'est résigné d'autre part. Ce que l'on appelait autrefois le paysage historique est dès longtemps passé de mode, et il faudrait le regretter médiocrement, si, à force de réagir contre le style académique, on n'en était venu à supprimer à peu près le style lui-même ; si, après avoir relégué parmi les vieilleries hors d'emploi les sites et les héros de la Grèce ou de Rome, on n'avait singulièrement exagéré l'intérêt que méritent d'autres sites et d'autres héros. Notre école de paysage avait grand besoin de se retremper dans l'étude du vrai et dans l'imitation loyale ; le moment était arrivé de renoncer aux patrons traditionnels pour tailler soi-même sa besogne en face de la nature. Rien de mieux ; mais maintenant que la révolution est achevée, maintenant que nous voilà bien dégagés de l'art factice et conventionnel, est-il fort nécessaire d'insister autant sur la poétique modeste qu'il s'agissait d'abord de faire prévaloir ? Assez de campagnes héroïques, de temples et de dryades ! s'écriaiton il y a trente ans. On aurait le droit de répondre aujourd'hui : Assez de pâturages normands, de cours de ferme et de gardeuses de dindons ; assez de ces motifs de rencontre qui n'ont d'autre objet, d'autre signification, d'autre charme que la reproduction littérale de la réalité ! Ceci soit dit d'ailleurs pour quelques disciples obstinés de cette théorie matérialiste de « l'art pour l'art » que l'on prêchait vers 1830, et non pour ceux qui, tout en copiant fidèlement la nature, ne se croient pas dispensés du devoir d'en choisir les aspects.

Les témoignages sont nombreux au Salon de cette manière, en quelque façon tempérée, où l'imitation du fait s'allie à l'expression du goût personnel. Nous ne parlons pas des paysagistes dont le talent est depuis longtemps apprécié ; nous ne nous arrêterons pas même aux erreurs actuelles de quelques-uns d'entre eux, — de M. Troyon par exemple, qui traite aujourd'hui les sujets les moins grandioses dans le style et presque dans les dimensions de la peinture de décors, — de M. Rousseau, qui, à force de se préoccuper des tons de détail, en est venu à procéder invariablement par petites touches, juxtaposées comme des points de tapisserie. Ce qu'il importe surtout de rechercher, ce sont les talents nouveaux, les œuvres décelant des tendances originales, tout en conservant le caractère de véracité commun aux productions de l'école moderne.

Parmi les tableaux de paysage qui se recommandent à ce titre, *les Landes* de M. Busson méritent certes d'être signalées. Rien que de parfaitement conforme à la nature dans cette scène paisible où le jour bas et venant du fond glisse sur les terrains et en éclaire doucement les saillies, mais aussi rien que d'imprévu dans le choix d'un pareil effet et dans l'habileté peu commune avec laquelle il a été rendu. Malgré la simplicité de l'ordonnance et du ton général, une véritable élégance linéaire, une sorte d'harmonie épurée dans le coloris, donnent une valeur toute spéciale à ce tableau comme à la toile, représentant aussi des *Landes*, qui lui sert de pendant. — Un grand paysage, les *Bords du Tibre dans la Sabine*, révèle chez M. Berthoud un sentiment assez large de l'effet, quelques bonnes intentions de style, d'ailleurs un peu trahies çà et là par

Henri Delaborde

l'insuffisance du dessin. Plusieurs toiles signées des noms de MM. Deshayes, Desjobert, Lavieille, expriment une observation approfondie de la nature, une science sans pédantisme, mais non sans force. D'autres, comme l'*Etang de la forêt du Mans*, peint par M. Allongé, attestent le goût et la recherche de la vérité, une aptitude particulière à en étudier certains côtés, dédaignés ou inaperçus jusqu'ici ; d'autres enfin, et *le Viatique en Bretagne* de M. Baudit est du nombre, introduisent un élément nouveau, qu'on pourrait appeler le dramatique familier, dans la peinture de paysage. Quelles que soient cependant les qualités propres à chacun de ces tableaux, elles n'ont pas, à notre avis, le caractère de certitude, la franchise qui distinguent la manière de M. Busson, et qui assurent à ces deux paysages des *Landes*, à ces études si l'on veut, une place d'élite parmi les œuvres du même genre exposées au Salon.

C'est aussi en dehors des autres paysages qu'il faut classer les deux toiles peintes par M. Haussoullier : une *Vallée du Mont-Saint-Jean, près d'Honfleur*, et un *Chemin dans la forêt de Toucques*, car ici l'originalité du sentiment est manifeste, et le parti-pris de véracité sans merci. Au premier aspect, le regard un peu déconcerté par la crudité apparente du coloris hésite et se prend peut-être à soupçonner une sorte d'arrogance là où il n'y a en réalité qu'une entière bonne foi. Généralement en matière de paysage notre éducation s'est faite devant les tableaux plutôt qu'en face de la nature. À force de voir l'harmonie pittoresque résulter de tons rompus et de formes sacrifiées, nous nous sommes exagéré à nous-mêmes la nécessité des concessions et des mensonges, nous avons fini par oublier à peu près le modèle pour ne considérer que le portrait. La *Vallée* peinte par M. Haussoullier s'adresse à des regards sans préjugés, et lors même qu'on serait tenté d'accuser ici l'extrême intensité ou l'uniformité des tons, on apprécierait la finesse avec laquelle chaque contour est dessiné, chaque forme de détail étudiée et rendue. Ce talent de dessinateur, l'artiste l'apporte d'ailleurs dans l'exécution d'œuvres d'un tout autre ordre. Deux profils de jeunes filles qu'il a exposés sont modelés avec une délicatesse et une sobriété de moyens aussi peu conformes à la manière habituelle des peintres de portrait que la façon dont il traite le paysage est contraire aux recettes d'atelier et aux procédés de convention.

Dans la peinture de portrait, notre école toutefois est-elle si bien déshéritée de sa vieille gloire qu'elle ne compte plus aujourd'hui que des talents factices ou des œuvres secondaires ? Il n'en est pas ainsi, grâce à Dieu. Sans parler de quelques morceaux dus au pinceau de M. Ingres et plus récemment au pinceau de M. Delaroche, les beaux portraits peints par M. Hippolyte Flandrin suffiraient pour conserver de nos jours à l'école française son importance dans un genre où elle a de tout temps excellé. D'autres artistes, issus d'ailleurs de l'atelier du même maître, ont produit dans cet ordre de peinture des ouvrages très distingués ; mais la manière de M. Flandrin a cela de particulier et de vraiment supérieur qu'elle est à la fois sincère et savante, très ample dans l'intelligence des vérités d'ensemble, très fine dans la perception des vérités et des caractères de détail. Les portraits exposés au Salon par M. Flandrin, et surtout celui d'une jeune fille à la carnation un peu brune, attestent une fois de plus cette habileté sans ostentation, ce mélange de largeur et de précision dans le style que nous avaient révélés déjà, mais avec moins d'éclat peut-être, les travaux précédents de l'artiste. En tout cas, si ces nouveaux portraits n'ajoutent rien à une réputation dès longtemps établie, ils la justifient et la confirment ; ils maintiennent l'autorité du talent de M. Flandrin dans un genre de peinture que personne, M. Ingres excepté, ne serait en mesure de traiter aujourd'hui avec cette aisance magistrale et cette sûreté de goût.

Après les portraits peints par M. Flandrin, les portraits peints par MM. Amaury-Duval et Lehmann ont été le plus généralement et le plus justement remarqués aux divers salons qui se sont successivement ouverts depuis vingt-cinq ans. Nous regrettons que le premier de ces deux artistes ne nous ait pas donné cette année quelque toile digne de celles qu'il exposait autrefois, et qu'il se soit contenté de nous rappeler dans de simples dessins ces qualités de finesse qui caractérisent son talent délicat. M. Lehmann a été plus fécond. Sans compter plusieurs petits tableaux sur des sujets d'histoire ou de fantaisie, et la répétition, dans des dimensions réduites, des remarquables peintures qu'il a exécutées dans les deux hémicycles de la salle du trône au palais du Luxembourg, il a envoyé au Salon sept portraits. Deux de ces toiles, le portrait d'une jeune femme vêtue d'une robe bleue et le portrait de M. l'abbé Deguerry, expriment des intentions de composition que nous aimerions à rencon-

Henri Delaborde

trer plus souvent dans les œuvres des artistes contemporains, et que les maîtres portraitistes français, depuis la fin du XVIe siècle jusqu'au commencement du XIXe, se sont traditionnellement appliqués à formuler. Au lieu de détacher, suivant l'usage actuel, la figure de ses modèles sur un champ de convention, sur ce fond aux formes et à la couleur indéterminées dont M. Flandrin lui-même ne dédaigne pas assez l'emploi, M. Lehmann a cherché à compléter l'expression d'une physionomie personnelle, d'un caractère moral, par l'image de certaines habitudes extérieures et le choix de certains accessoires. De même qu'il avait peint une jeune femme entourée dans son salon d'objets propres à faire pressentir un luxe élégant, il a représenté M. l'abbé Deguerry en chaire, non pas au moment de l'action et du geste oratoire, — cela eût ôté à l'œuvre le calme pittoresque nécessaire et compromis la vraisemblance, sinon choqué le goût, — mais dans une attitude à demi animée qui concilie heureusement les exigences de l'art et les conditions de la vérité. Le mouvement général de la figure, l'expression du visage sont bien saisis, et l'exécution de chaque partie, des mains spécialement, prouve que M. Lehmann sait apercevoir et reproduire la vie sans violence, l'imprévu de la forme sans bizarrerie. Cette habileté à peindre des mains et à les faire concourir à la signification d'un portrait est au reste un mérite qu'on retrouve dans les autres ouvrages de l'artiste. Ainsi, dans le portrait d'une jeune fille vêtue d'une robe noire, la main a une extrême distinction, une souplesse toute particulière. Ajoutons qu'il y avait là, en raison de l'étrangeté de la pose, un problème de dessin et de modelé difficile à résoudre. Peu de peintres eussent osé sans doute aborder un raccourci aussi parfaitement inusité ; il en est peu, en tout cas, qui l'eussent compris et rendu avec autant de finesse.

On peut ranger dans la classe des portraits, et à côté d'ailleurs d'un portrait d'homme signé aussi du nom de Mme Browne, les *Sœurs de Charité* soignant un enfant malade. Ce qui constitue en effet le mérite de cette toile, c'est bien moins, à nos yeux, l'invention morale ou pittoresque qu'une certaine naïveté dans l'imitation des traits et des costumes de ces deux saintes filles, dont l'une soutient sur ses genoux le petit malade, tandis que l'autre prépare quelque médicament. À vrai dire, il n'y a pas ici de fort sérieuses qualités de peintre. Ordonnance des lignes, modelé, coloris, tout est un peu

34

faible ; mais cette faiblesse même n'est pas dépourvue de charme. Quelque chose de limpide dans le ton, de facile dans le dessin, une apparence de vérité plutôt que l'empreinte de la vérité profonde, voilà ce qui distingue le tableau de Mme Browne et ce qui en explique ou en excuse le succès : succès fort général d'ailleurs, et le plus populaire peut-être qu'il y ait lieu de constater au Salon.

Nous accusions tout à l'heure le goût mondain dans lequel M. Landelle traite les sujets religieux, et le *Pressentiment de la Vierge* autorise suffisamment nos reproches : on ne saurait être aussi sévère pour les mignonnes séductions de ce pinceau lorsqu'il retrace l'image des personnages contemporains, et qu'il prend pour modèles non pas des paysannes italiennes, comme *les Deux Sœurs*, — ici la coquetterie est peu de mise encore, — mais des femmes parisiennes. Les portraits qu'a peints M. Landelle se recommandent par l'agrément et, dans un certain sens, par le charme de l'exécution. Comme les portraits de M. Edouard Dubufe, ils ont une élégance qu'on sera d'autant moins tenté de méconnaître que cette élégance est d'un caractère tout actuel ; mais aussi M. Landelle est bien près quelquefois de confondre la gentillesse avec la grâce, l'adresse de la pratique avec la science, et l'intelligence de la mode avec le sentiment de la vraie distinction.

On ne refusera pas assurément à M. Ricard l'habileté matérielle ni la volonté de varier l'aspect et la signification de ses portraits : il faut avouer toutefois que cette habileté dégénère souvent en dextérité pure, que cette application à rechercher la nouveauté des procédés et de l'effet aboutit en plus d'une occasion à la méprise et à la bizarrerie. Le portrait en pied d'un jeune homme en costume de chasse est un exemple, entre autres, des erreurs où M. Ricard peut tomber sur ce point. — Rendons, en finissant, la justice qu'ils méritent aux agréables portraits peints par MM. Barrias et Bouguereau, et aux remarquables portraits dessinés par M. Tourny.

Dans cette revue des tableaux et des dessins que renferme le Salon, nous n'avons pas prétendu nommer tous les travaux dignes d'éloges. Nous n'avons rien dit par exemple des spirituelles aquarelles de M. Eugène Lami pour l'*illustration* des œuvres d'Alfred de Musset ; nous n'avons parlé ni du *Moïse secourant les filles du sacrificateur de Madian*, par M. Lenepveu, ni des *intérieurs* de M. Bonvin, ni de beaucoup d'autres toiles estimables à divers titres.

Henri Delaborde

Le plan de ce travail nous commandait de choisir les spécimens les plus significatifs, soit par leurs qualités, soit par leurs défauts, des doctrines diverses qui partagent l'école contemporaine, et de résumer en quelques exemples l'état actuel de l'art français. C'est pour cela que nous avons passé sous silence certaines œuvres tout aussi bonnes, quelquefois même meilleures intrinsèquement, que telles autres dont nous nous sommes occupé, parce que celles-ci pouvaient faire pressentir les caractères d'un talent nouveau ou des tendances communes à tout un groupe. C'est pour cela aussi que nous avons cru devoir nous abstenir d'appréciations sur les tableaux appartenant aux écoles étrangères, bien que plusieurs de ces toiles aient leur genre de mérite et leur valeur. Ainsi l'on ne saurait méconnaître les intentions pathétiques qu'exprime, à travers une certaine exagération dans le style, la *Mort de Juliette*, peinte par M. Leighton. Il serait à coup sûr très injuste de dénier à M. Knaus, le peintre de *la Cinquantaine*, beaucoup d'esprit et de finesse, — à M. van Muyden, auteur, entre autres jolis tableaux, d'une *École de petits enfants à Albano*, beaucoup de grâce dans le sentiment et dans la pratique, — à M. Heilbuth enfin un goût ingénieux de composition et une habileté véritable à restituer la physionomie pittoresque d'un personnage ou d'une époque. Néanmoins les qualités qui distinguent ces divers ouvrages n'ont pas un caractère national si décidé, elles ne diffèrent pas si bien des qualités propres à l'école française, qu'il ne soit permis de confondre presque avec les artistes de notre pays les peintres nés au-delà de nos frontières : j'entends ceux dont les tableaux figurent au Salon, et qui d'ailleurs sont venus pour la plupart compléter leurs études en France. Par l'influence qu'elle exerce, par le nombre et l'activité des talents qu'elle compte, notre école représente en quelque sorte l'art contemporain tout entier ; elle a du moins plus d'importance qu'aucune autre. Reste à savoir jusqu'à quel point il y a lieu de se féliciter de cette importance relative, et quelles garanties elle offre pour l'avenir. Un coup d'œil sur les œuvres de la sculpture achèvera de nous préparer à l'examen de cette question.

Ce qui apparaît d'abord lorsqu'on examine l'ensemble des sculptures exposées au Salon, c'est une expression générale d'abnégation, une sorte de convention tacite de répudier toute originalité personnelle pour rechercher des moyens de succès dans l'imitation d'autrui. Il semble que les statuaires contemporains aient pris à la lettre le mot de La Harpe, « imaginer, c'est se souvenir, » et qu'au lieu de s'inspirer des exemples légués par les maîtres, ils se soient imposé le devoir d'en copier simplement les formes. Les souvenirs varient, il est vrai, suivant les inclinations ou les calculs de chacun. Tandis que M. Clésinger reproduit le style de Coysevox dans sa *Zingara*, et même dans un sujet antique, *Sapho terminant son dernier chant*, M. Franceschi s'efforce de simuler la puissance de Michel-Ange, et de donner à son *Andromède* les formes admirablement extravagantes, la majesté sauvage des figures sculptées sur les tombeaux des Médicis à Florence. M. Becquet agite les lignes de son *Saint Sébastien*, et en accuse le modelé, non sans vigueur, mais avec une préoccupation évidente de la manière de Puget. Jean Goujon et Germain Pilon sont au contraire les modèles dont M. Prouha prétend s'assimiler la manière dans *Médée égorgeant ses enfants*, dans la *Muse de l'inspiration* et dans une *Diane au repos*, — Diane de Poitiers apparemment. D'autres artistes contrefont les statues antiques suivant les procédés d'académie, et rééditent pour ainsi dire avec une imperturbable banalité de goût des types déjà tirés à des milliers d'exemplaires ; d'autres enfin demandent quelque chose de plus que des conseils aux monuments du moyen âge, de la renaissance italienne, ou même aux morceaux les plus renommés de l'école moderne, et se contentent de reproduire, sauf quelques variantes, ceux-ci les *jeunes pêcheurs* de Rude et de M. Duret, ceux-là les figures légendaires de nos cathédrales ou les bas-reliefs des *cinquecentisti* florentins. Partout l'absence non pas de talent, mais d'invention ; partout une volonté systématique d'interpréter de préférence à la nature les œuvres d'un maître ou d'une époque. De là l'intérêt médiocre que présentent les sculptures exposées au palais des Champs-Elysées. Si plusieurs se recommandent par la correction et le goût, aucune n'a une signification assez sérieuse, une valeur assez incontestable pour s'isoler tout à fait du reste et mériter le succès à plus juste titre que telle œuvre voisine. L'abstention des statuaires les plus éminents de notre école explique au reste cette insuffisance de l'exposition actuelle. On n'y voit rien de la main de M. Barye. À l'exception de M. Jaley, qui d'ailleurs n'a envoyé que deux bustes, aucun des membres de la section de sculpture à l'Académie des Beaux-Arts n'a pris part

Henri Delaborde

au concours. Il n'est pas jusqu'aux révolutionnaires dont les témérités faisaient jadis scandale et réussissaient du moins à alimenter la controverse, à passionner l'opinion, — il n'est pas jusqu'aux athlètes les plus résolus autrefois à combattre qui ne déclinent aujourd'hui la lutte. M. Préault lui-même montre pour le Salon autant d'indifférence que les membres de l'Institut ; comme eux, il laisse la place libre aux entreprises modestes ou aux honnêtes médiocrités.

Les statues, les groupes et les bas-reliefs réunis au Salon n'expriment donc en général que des convictions à peu près négatives et, comme les tableaux et les dessins, un fâcheux éparpillement de forces et de doctrines. Comme l'école de peinture aussi, l'école de sculpture tend à faire prévaloir l'agréable sur le beau, l'adresse de la pratique sur l'habileté savante, et, là même où le talent est le moins équivoque, il se ressent encore de cette propension universelle à rabaisser les conditions de l'art. Une très jolie figure en bronze, *la Fileuse* de M. Moreau, est un spécimen, accompli dans ce sens, des inclinations et de la foi modernes. Joli est bien le mot qui convient à cet ouvrage, où il ne faut chercher ni l'élévation de la pensée, ni la vigueur de l'exécution, mais où l'on ne trouvera ni afféterie dans le style, ni grâce ouvertement empruntée à autrui. Il y a pourtant là comme l'expression d'un éclectisme discret, d'une conciliation ingénieuse entre les exigences du goût actuel et certaines traditions sinon plus sévères, au moins plus pures. L'invention générale de la figure n'a au reste rien de fort imprévu. Assise et faisant tourner de la main droite le fil qui s'enroule autour du fuseau tandis que le bras gauche s'élève pour supporter la quenouille, *la Fileuse* est vêtue d'une robe d'étoffe légère glissant sur la poitrine et mettant à nu l'épaule du côté où s'abaisse la main qui agite le fuseau ; ses jambes sont recouvertes d'une draperie à la manière des statues antiques et de bien d'autres. L'ajustement, on le voit, n'a pas beaucoup plus de nouveauté que la pose, mais le tout est finement compris et rendu avec une véritable élégance. Le choix des formes, le caractère de la tête, qui, sans être une copie servile des types consacrés, n'est pas non plus le simple portrait d'un modèle de rencontre, le style de chaque partie en un mot prouve que M. Moreau sait éviter la gentillesse en recherchant la grâce, et se préserver aussi bien des vérités mesquines que des beautés de convention.

Un autre ouvrage du même artiste, *l'Avenir*, nous semble beaucoup moins heureux. La signification de ce morceau est d'ailleurs assez équivoque, et, sans le secours du livret, on pourrait facilement prendre pour une tête de vestale cet *Avenir* au visage voilé dont les traits se laissent entrevoir à travers la draperie légère qui les recouvre : artifice d'outil un peu puéril et renouvelé de certain trompe-l'œil qui fait l'admiration des touristes dans la chapelle de Sainte-Marie *della pietà de' Sangri* à Naples. On sait qu'un sculpteur de l'extrême décadence italienne, Corradini, imagina de représenter dans cette chapelle la mère de Raimondi Sangro enveloppée de la tête aux pieds d'un long voile, et de travailler le marbre de manière à lui donner un simulacre de transparence. Ce tour d'adresse du ciseau, bien souvent répété depuis lors en Italie, particulièrement à Milan, dans la première moitié de notre siècle, a tenté les artistes français à leur tour, et semble aujourd'hui les préoccuper un peu trop, puisque, indépendamment de *l'Avenir* de M. Moreau, *une Vestale* de M. Carrier de Belleuse, et l'*Agrippine portant les cendres de Germanicus*, statue sculptée par M. Maillet, sont conçues et exécutées à l'imitation de l'œuvre napolitaine.

On se rappelle la charmante figure, *le Printemps*, que M. Loison avait exposée au Salon de 1853. La grâce, l'expression de jeunesse qui caractérisaient cet ouvrage et qui lui valurent alors le succès, se retrouvent en partie dans la *Sapho sur le rocher de Leucade* que M. Loison nous montre cette année ; mais ces qualités apparaissent ici sous des formes un peu contraintes, et jusqu'à un certain point en désaccord avec la scène et le personnage représentés. Un tel sujet comportait dans l'attitude, dans l'expression du visage, dans le style général, la grandeur pathétique et l'énergie : on dirait que l'artiste s'est trouvé un peu dépaysé en face des conditions, assez nouvelles pour lui, qu'il s'agissait de remplir. La tête de la *Sapho* est d'un caractère indécis : les bras, finement modelés d'ailleurs, se crispent avec une sorte de passion timide et d'ostentation en même temps ; il semble que dans cette figure plutôt agréable que puissante tout procède d'une agitation voulue, tout fasse effort pour exprimer le désespoir. Nous ne croyons pas que les sujets violents puissent convenir au talent de M. Loison, talent délicat comme celui de M. Moreau, et dont le sens et la valeur se définissent bien mieux au Salon dans une statuette de *Jeune Fille portant un vase sur l'épaule* que dans cette statue de *Sapho*.

Henri Delaborde

Le *Moissonneur* de M. Gumery appartient à la même école, accuse à peu près les mêmes tendances que les travaux de MM. Moreau et Loison. Peut-être y a-t-il dans cette figure de jeune garçon au visage gracieusement viril, aux formes sveltes, mais non dépourvues de force, quelque chose de plus franc et de plus original que dans les figures de jeunes filles sculptées par les deux artistes que nous venons de nommer. En tout cas, M. Gumery a de commun avec eux l'élégance du style, le goût des vérités choisies. Son *Moissonneur* est, à cause de cela même, une des meilleures statues de l'exposition, et si l'on ne peut y admirer des qualités très hautes, on ne saurait y méconnaître des intentions heureuses et une manière ingénieuse sans subtilité. Nous regrettons qu'un autre ouvrage de M. Gumery, *la Fontaine de l'Amour*, soit de nature à diminuer un peu la confiance que nous inspirait ce talent. Ici en effet la recherche de la grâce aboutit à l'affectation, la finesse à l'exiguïté du style, et la préoccupation de l'élégance à une coquetterie de madrigal. Dans un ordre de sujets différent et sous des formes tout autres, cette jeune fille qui se détourne en souriant pour préserver son visage de l'eau qu'un petit Amour lui jette manque aussi bien de naturel et satisfait aussi peu aux conditions de la statuaire que *la Chute des Feuilles* sculptée par M. Schroder, ou la *Résignation* par M. Chatrousse. Ce n'est pas d'ailleurs que ces deux dernières compositions soient sans mérite à quelques égards ; mais elles procèdent l'une et l'autre d'inspirations si parfaitement quintessenciées, que les moyens ordinaires de l'art se trouvent à peu près réduits ici à l'état d'intentions littéraires, on dirait presque d'abstractions métaphysiques. À force de viser à l'expression spiritualiste, Ary Scheffer est tombé quelquefois dans des erreurs pareilles ; mais les méprises de cette sorte sont plus graves encore lorsque c'est un sculpteur qui les commet, parce que le ciseau ne saurait en aucun cas s'exempter de la précision matérielle, et que l'inflexibilité même du marbre ou du bronze semble en contradiction formelle avec tout ce qui n'est pas net et résolument senti.

Parmi les œuvres qui, à défaut de mérite absolu, ont du moins une valeur relative et un caractère conforme aux lois essentielles de la statuaire, on peut citer *la Tendresse maternelle* de M. Gruyère, le *Moise sauvé des eaux* de M. Allasseur, la *Lyssia* de M. Lepère et *le Semeur d'ivraie* de M. Valette. Sans doute, ces divers groupes ou statues et quelques autres signés des noms de MM. Garnier, Millet et Lanzirotti ne se distinguent pas très ouvertement par l'originalité du sentiment ou de la manière ; mais on n'y reconnaît pas non plus ces partis-pris de servilité que nous accusions tout à l'heure, cette volonté obstinée d'abdiquer toute indépendance personnelle pour reproduire, comme le fait M. Klagmann entre autres, les types et les formes d'expression appartenant aux siècles passés.

Si, au point de vue de l'invention et de l'élévation du style, les travaux qui figurent au Salon n'autorisent que de loin en loin les éloges, en revanche l'exposition est assez riche dans le domaine de l'imitation pure, dans la sculpture de portrait. On sait au reste avec quelle supériorité l'école française a traité de tout temps ce genre de sculpture, et quels innombrables monuments subsistent encore de l'habileté de nos anciens *portraitistes*, depuis les figures du XIIIe siècle qui ornent les portails de la cathédrale de Chartres jusqu'aux bustes sculptés par Houdon. Les artistes de notre siècle, il est vrai, se sont d'abord écartés quelque peu de ces habitudes traditionnelles ; sauf les bustes et les médaillons modelés par David et quelques morceaux de la main de Pradier, les spécimens contemporains sont peu nombreux d'un art qui pendant si longtemps avait été pratiqué dans notre pays avec plus de succès que dans aucun autre. Il semble aujourd'hui que la tradition se renoue et que notre école rentre pour ainsi dire en possession de sa vieille aptitude, car les bustes habilement exécutés sont nombreux au Salon ; quelques-uns même pourraient être rapprochés sans désavantage des meilleurs ouvrages de nos maîtres. En est-il beaucoup parmi ceux-ci qui eussent désavoué le buste de femme, le buste d'*Ary Scheffer*, et surtout celui de *M. Henriquel-Dupont*, sculptés par M. Cavelier avec une science si sûre de la forme et une intelligence si fine de la physionomie ? M. Clésinger lui-même, ouvertement coupable d'affectation et de faux goût dans ses statues, n'a-t-il pas prouvé, en faisant le portrait d'une *Romaine transtévérine*, que son ciseau savait être parfois habile sans ostentation et véridique sans pauvreté de style ? Pourquoi faut-il que le progrès qu'atteste cette tête de Romaine se trouve en quelque façon démenti par une malencontreuse *Napolitaine des montagnes*, dont la grâce factice et l'expression forcée rappellent ces bustes de *bergères* qui ornent les chaumières de théâtre construites dans les jardins du Petit-Trianon ?

Henri Delaborde

Rien de théâtral au contraire, rien que de simple et de vrai, comme expression et comme style, dans le portrait que M. Oliva nous a donné du général Bizot. M. Oliva est aussi l'auteur d'un très bon buste en bronze du père Zibermann et d'un buste en marbre de M. de Mercey, ouvrage finement modelé, mais dans lequel la délicatesse du travail dégénère quelquefois en exagération d'adresse et en ruse d'outil. Il faut laisser à la sculpture les moyens d'imitation qui lui appartiennent, la mesure de vérité qu'elle comporte ; il ne faut pas détailler par exemple les poils de la barbe, comme l'a fait M. Oliva, en perforant le marbre de part en part, parce que, sous prétexte d'ajouter à l'expression de la réalité, on n'arrivera ainsi qu'à en appauvrir le simulacre, et que d'ailleurs, quoi qu'on fasse, il y aura toujours en matière d'art une part laissée au mensonge et à la convention. Une vérité matérielle absolue dans telle partie, au lieu de confirmer la vraisemblance du reste, ne pourra au contraire que compromettre cette vraisemblance, et mettre d'autant mieux en lumière l'apparence forcément incomplète, le caractère nécessairement, abstrait de telle autre partie. Aussi ne voyons : nous pas sans regret que l'usage se généralise non-seulement de colorier certains détails, mais encore de substituer dans certains cas la réalité même au travail du ciseau, l'objet qu'il s'agissait de représenter à l'image de cet objet. Plusieurs bustes de femmes exposés au Salon et ornés soit de véritables camées incrustés dans la coiffure, soit de boucles d'oreilles fabriquées par le joaillier, témoignent sur ce point de préoccupations assez peu conformes à la dignité de l'art et aux exigences d'un goût sévère. Je sais qu'on peut invoquer à l'appui de pareilles tentatives quelques exemples de l'antiquité : sont-ce toutefois ceux-là qu'il importe de préférer et de suivre ? Et puis où s'arrêter dans cette voie ? Pourquoi les bijoux d'ornement auraient-ils seuls le privilège d'être associés à la sculpture ? pourquoi ne pas mettre sur la poitrine d'un officier les plaques mêmes des ordres qui lui ont été conférés, ou ne pas suspendre à son côté l'épée qu'il portait sur les champs de bataille ? En s'abandonnant ainsi à la fantaisie, on arriverait bientôt à la négation de l'art, à la contrefaçon barbare ; en prétendant animer un portrait, on ne ferait qu'exagérer la vie des accessoires, et, en vertu du contraste même, immobiliser la physionomie et la forme humaines. Veut-on apprécier par un exemple l'expression d'inertie cadavérique à laquelle peut aboutir dans une œuvre de sculpture le mélange des éléments réels et des procédés d'imitation : que l'on examine au palais de Versailles le portrait en cire de Louis XIV modelé par Antoine Benoist, où l'on voit à côté du travail de l'artiste une perruque véritable, des fragments d'habits, de dentelles et de cordon bleu ; on sentira de reste que l'art doit, sous peine d'abdication ou d'anéantissement, dédaigner l'effigie pour l'image, le fait brut pour la traduction du vrai, et que, s'il lui appartient de nous faire pressentir la vie, il ne lui convient point de la parodier.

La sculpture de portrait, représentée d'ailleurs au Salon par un grand nombre de bustes remarquables, dus pour la plupart au talent d'anciens élèves de Rude ou de David, compte encore quelques morceaux dignes d'éloges dans un ordre de travaux plus importants. Il faut louer, entre autres, la statue du maréchal de Saint-Arnaud par M. Lequesne, et le Napoléon Bonaparte en uniforme d'élève de l'école de Brienne, par M. Rochet. Cette figure du jeune héros, à l'attitude grave sans affectation, aux formes délicates exprimées dans un style ingénieux, est un nouveau témoignage du genre d'habileté propre aux artistes de notre époque. Ici encore on reconnaît ce sentiment lin de la nature, mais de la nature prise dans une acception secondaire, ce goût pour les vérités plutôt séduisantes que profondes, en un mot cette science de l'agrément en toutes choses qui, dans les œuvres de la sculpture et de la peinture, semble jusqu'à présent la qualité la plus claire et le progrès le plus positif de l'école française contemporaine.

Lorsque, après avoir examiné les tableaux et les sculptures qui figurent au Salon, on cherche, à résumer ses impressions et à tirer de cet examen une conclusion sur la situation actuelle de l'art en France, on se voit forcé de constater d'abord ce double fait, que jamais l'habileté n'a été plus générale, mais aussi qu'elle ne s'est jamais produite sous des formes plus humbles. Rien de moins rare que le talent aujourd'hui ; toutefois, en considérant l'emploi qui en est fait, l'on peut, on doit même dire que ce talent grandit en raison inverse du caractère sérieux des travaux et de l'importance des genres. Plus la tache choisie implique l'instinct ou l'étude des hautes vérités, moins l'exécution répond aux conditions qu'il s'agissait de remplir. Plus ces conditions s'abaissent au contraire, moins le sentiment et la science des artistes sont équivoques. C'est aux

Henri Delaborde

portraits en buste, aux statuettes et aux groupes d'animaux que notre école de sculpture doit son animation principale et ses succès les plus habituels. Il n'en va pas autrement de la peinture. Les tableaux d'histoire ont presque toujours une valeur bien moindre que les tableaux de genre historique, et ceux-ci le cèdent à leur tour en mérite aux scènes décidément familières, aux sujets de genre proprement dits. Enfin l'ordre de peinture où se sont accomplis les progrès les plus significatifs n'est-il pas le paysage, c'est-à-dire la forme pittoresque qui exige le moins d'efforts d'imagination et de combinaisons personnelles ? Encore ici même le talent se manifeste-t-il avec d'autant plus d'évidence que l'objet de l'imitation aura été plus modeste. La vue d'un champ ou d'une lisière de forêt aux portes de Paris est un thème qui inspirera mieux le pinceau de nos paysagistes que ne sauraient le faire les montagnes de la Sabine et les majestueuses solitudes de la campagne de Rome.

Il y a donc à la fois dans l'état présent de l'art français des symptômes de décadence et des témoignages de progrès, progrès tout extérieur, il faut le redire, et par cela même dangereux, puisqu'ils peuvent fausser chez les artistes comme dans le public la notion du bien, dégrader la fonction du talent, et substituer partout un charme et des vérités de surface à la vérité morale, à cette « haute délectation de l'esprit » dont a parlé Poussin. Voilà le péril. Qui possède les moyens de le conjurer ? Personne en particulier, chacun de nous cependant dans sa sphère d'action et dans la mesure de ses forces. C'est à nous tous, à cette grande abstraction qu'on appelle tout le monde, d'opposer un effort collectif de bon sens à l'invasion du mal. Ne cherchons ailleurs ni remède ni palliatif. On aurait grand tort, en pareil cas, de tout attendre de la direction administrative, et de compter, suivant une erreur assez commune, sur l'action régénératrice, sur l'omnipotence de l'état en matière d'art. L'état ne peut et ne doit que seconder le progrès ; il ne lui appartient ni de le décréter ni de le déterminer à sa guise. Laissons donc, une fois pour toutes, les requêtes banales, les lamentations oiseuses et les souvenirs traditionnels de l'influence exercée par vies Médicis et les Colbert. Cette influence avait non-seulement pour auxiliaire, mais pour principe, le mouvement général de l'opinion au XVe et au XVIIe siècle. Si nous savons à notre tour reprendre goût aux grandes choses et nous détourner des petites, nous aurons donné un exemple fécond, et adressé à qui de droit des avis qui seront bientôt entendus ; mais si nous continuons de nous accommoder des gentillesses ou des jactances du pinceau, si nous ne demandons aux tableaux admis au Salon rien de plus qu'aux tableaux qui figurent aux montres des boutiques ; si enfin, au lieu de faire sévèrement justice de la verve factice et du faux talent, nous nous obstinons à confondre la brutalité avec la force, les gladiateurs avec les conquérants, et les comédiens avec les poètes, l'art secondaire ou infime s'encouragera chaque jour de notre tolérance, et finira, d'usurpation en usurpation, par absorber toute la vie, toutes les ambitions, toute la foi de notre école.

À cette complicité du goût public se joint une autre cause d'affaissement et d'anarchie dans les doctrines. Quelques artistes supérieurs sont encore l'honneur de l'école française, mais ils ont cessé d'en être les chefs actifs, les conseillers influents, ou plutôt il n'y a plus d'école, en ce sens qu'il n'y a plus ni empire directement exercé sur des disciples, ni apprentissage progressif sous le regard des maîtres. L'éducation professionnelle se fait vite et un peu au hasard. Les jeunes peintres, il est vrai, fréquentent quelque temps un atelier, sauf à passer bientôt dans un autre où ils n'apporteront pas des dispositions plus dociles, parce que l'occasion les y aura conduits plutôt qu'une ferme confiance dans l'autorité des enseignements. Ils pourront s'intituler élèves de tel ou tel maître ; mais cette origine toute nominale n'impliquera ni l'idée d'engagements une fois pris, ni le respect de certains principes. Il suffit d'ouvrir le livret du Salon pour savoir jusqu'où peut aller l'infidélité sur ce point, et quelles étranges anomalies existent entre les allures actuelles d'un talent et les premiers exemples qui lui ont été proposés. D'autres, plus indépendants encore, n'essaieront même pas de demander un semblant de leçons à l'expérience de leurs devanciers. Après quelques essais, quelques efforts poursuivis sans témoin, ils entreront en lice, et prétendront faire acte de peintres avant d'avoir eu le temps d'étudier. De cette direction momentanément acceptée par les uns, ouvertement répudiée par les autres, ou, pour mieux dire, de l'absence de toute vraie direction, résultent l'esprit d'aventure, l'ambition prématurée du succès, le besoin de surprendre l'attention publique en étalant quelque paradoxe pittoresque, cette fécondité enfin dans laquelle on serait autorisé à voir un signe de déchéance intellectuelle plutôt qu'un témoignage de vigueur.

Notre époque, dans le domaine de l'art, est une époque de production exubérante ; mais à quoi bon tant d'activité, tant d'œuvres, tant d'habileté même, si le tout ne doit aboutir qu'au triomphe de l'adresse matérielle, à la gloire de quelques vérités subalternes ? Les talents abondent soit : combien en citera-t-on qui attestent une conviction profonde, une volonté ferme, une foi au-dessus de la mode et des succès passagers ? Les uns se gaspillent en futiles réminiscences du dernier siècle, les autres s'immobilisent dans une prétentieuse imitation de la naïveté primitive ; d'autres encore cherchent à conquérir leur part de notoriété soit en exagérant les laideurs et les misères de la réalité, soit en enjolivant outre mesure les élégances de la vie actuelle. Il semble que l'art contemporain n'ait pour principe que la dextérité, pour fin que la surprise ou l'amusement des yeux, et que, préoccupé uniquement des côtés extérieurs de sa tâche, il ne sache pas s'imposer une fonction morale et un devoir.

Que les artistes y songent pourtant. En acceptant comme leur seule mission ce rôle d'artisans habiles, ils se donnent un tort grave et se préparent sans doute d'amers regrets. Qu'ils s'interrogent dès à présent sur l'emploi de leurs talents ; qu'ils se demandent quels sentiments généreux ils ont réussi à stimuler par leurs travaux, quelles nobles passions ils ont éveillées en nous. Pour beaucoup, la réponse sera telle qu'ils sentiront le besoin d'élever le but de leurs efforts. Il est temps de renoncer à ces fantaisies au jour le jour, à ces artifices d'exécution qui tendraient à réduire la peinture aux proportions d'une industrie futile. Encore quelques progrès dans la voie où l'on marche, et les produits de l'art français, au lieu d'être comme par le passé l'expression éloquente de la raison, n'exprimeront plus que l'adresse et le luxe inutile, à peu près comme ces *articles Paris* qui assurent à notre pays la supériorité dans les questions de fabrication et de mode, mais qui ne sauraient ni honorer fort sérieusement le génie national, ni en définir pleinement le caractère et les ressources. Est-ce calomnier l'école contemporaine que de signaler un fonds d'irréflexion et de scepticisme sous les dehors séduisants qu'elle affecte ? Est-ce outrager les talents qu'elle compte que d'exhorter ceux-ci à se défier de leur habileté même, à remettre en honneur, les lois qui ont autrefois

prévalu parmi nous ? Dieu nous préserve de l'esprit de dénigre-
ment et des rigueurs systématiques, mais qu'il nous préserve aussi
des concessions à l'erreur, des complaisances pour ce qui menace
de dégrader les beaux-arts, ou seulement d'en amoindrir la portée !
Rien de plus salutaire ni de plus noble qu'une œuvre d'art quand
elle suscite l'élan de la pensée ; rien de plus vain lorsqu'elle n'a pour
objet que de concentrer les regards sur un fait. « L'homme, a dit
Platon, en apercevant la beauté sur la terre, se ressouvient de la
beauté première. » En ayant devant les yeux le spectacle du joli, il
n'aperçoit rien au-delà ; ses souvenirs s'arrêtent au moment actuel,
ses émotions à la sensation superficielle que ce moment lui donne.
Les descend ans de Poussin et de Lesueur, les héritiers de tant de
maîtres aux mains de qui le pinceau a été un instrument d'expression morale, commettraient plus qu'une faute, ils se rendraient
coupables d'impiété envers l'art français et les traditions qui en
sont la gloire, s'ils consentaient à circonscrire leur foi dans les limites de l'habileté technique et de la simple imitation matérielle.

ISBN : 978-1548655921

Henri Delaborde

www.ingramcontent.com/pod-product-compliance
Lightning Source LLC
Chambersburg PA
CBHW072048190526
45165CB00019B/2210